This Whiskey Journal Belongs to...

_____

DEDICATION

This Whiskey Journal Log book is dedicated to all the sommeliers out there who love to try & review different whiskeys and document their findings in the process.

You are my inspiration for producing books and I'm honored to be a part of keeping all of your Whiskey notes and records organized.

This journal notebook will help you record your details about whiskey tasting.

Thoughtfully put together with these sections to record:

Whiskey Name, Distiller, Age, Origin, Price, Sampled, Flavors, Color Meter, Rating, and Notes.

HOW TO USE THIS BOOK

The purpose of this book is to keep all of your Whiskey notes all in one place. It will help keep you organized.

This Whiskey Journal will allow you to accurately document every detail about trying new whiskey. It's a great way to chart your course through trying different whiskeys.

Here are examples of the prompts for you to fill in and write about your experience in this book:

1. **Whiskey Name** - Write the name of the whiskey.
2. **Distiller** - Log the name of the distiller.
3. **Age** - Record the age of the whiskey.
4. **Origin** - Write where the wine was made.
5. **Price** - Log the price of the wine.
6. **Sampled** - Allows you to record where you sampled the wine.
7. **Flavors** - Check boxes for what does the whiskey taste like Linger, Dark Fruit, Citrus Fruit, Floral, Spicy, Herbal, Woody, Tannic, Char, Sweet, Body, Legs, Malty, Toffee, Balance, Heat/ Proof.
8. **Color Meter** - Mahogany, Caramel, Amber, Gold, Honey, Straw, Clear.
9. **Rating** - Allows you to rate from 1-5 stars.
10. **Notes** - Keep any important information about your whiskey experience you like, specifically which you've tried or idea for ones you want to try, how it affected your palate & nose, factors, etc.

WHISKEY NAME _____

DISTILLER _____ **AGE** _____

ORIGIN _____ **PRICE** _____

SAMPLED _____

FLAVORS

- ☐ LINGER
- ☐ DARK FRUIT
- ☐ CITRUS FRUIT
- ☐ FLORAL
- ☐ SPICY
- ☐ HERBAL
- ☐ WOODY
- ☐ TANNIC
- ☐ CHAR
- ☐ SWEET
- ☐ BODY
- ☐ LEGS
- ☐ MALTY
- ☐ TOFFEE
- ☐ BALANCE
- ☐ HEAT/PROOF _____

COLOR METER

- MAHOGANY
- CARAMEL
- AMBER
- GOLD
- HONEY
- STRAW
- CLEAR

NOTES

_____
_____
_____
_____
_____
_____
_____

RATING ☆☆☆☆☆

WHISKEY NAME _____

DISTILLER _____ **AGE** _____

ORIGIN _____ **PRICE** _____

SAMPLED _____

FLAVORS

- ☐ LINGER
- ☐ DARK FRUIT
- ☐ CITRUS FRUIT
- ☐ FLORAL
- ☐ SPICY
- ☐ HERBAL

- ☐ WOODY
- ☐ TANNIC
- ☐ CHAR
- ☐ SWEET
- ☐ BODY
- ☐ LEGS

- ☐ MALTY
- ☐ TOFFEE
- ☐ BALANCE
- ☐ HEAT/PROOF _____

COLOR METER

- MAHOGANY
- CARAMEL
- AMBER
- GOLD
- HONEY
- STRAW
- CLEAR

NOTES

_____
_____
_____
_____
_____
_____
_____
_____

RATING
☆ ☆ ☆ ☆ ☆

WHISKEY NAME _____

DISTILLER _____ **AGE** _____

ORIGIN _____ **PRICE** _____

SAMPLED _____

FLAVORS

- ☐ LINGER
- ☐ DARK FRUIT
- ☐ CITRUS FRUIT
- ☐ FLORAL
- ☐ SPICY
- ☐ HERBAL
- ☐ WOODY
- ☐ TANNIC
- ☐ CHAR
- ☐ SWEET
- ☐ BODY
- ☐ LEGS
- ☐ MALTY
- ☐ TOFFEE
- ☐ BALANCE
- ☐ HEAT/PROOF _____

COLOR METER

- MAHOGANY
- CARAMEL
- AMBER
- GOLD
- HONEY
- STRAW
- CLEAR

NOTES

_____
_____
_____
_____
_____
_____
_____

RATING ☆☆☆☆☆

WHISKEY NAME _____

DISTILLER _____ **AGE** _____

ORIGIN _____ **PRICE** _____

SAMPLED _____

FLAVORS

- ☐ LINGER
- ☐ DARK FRUIT
- ☐ CITRUS FRUIT
- ☐ FLORAL
- ☐ SPICY
- ☐ HERBAL
- ☐ WOODY
- ☐ TANNIC
- ☐ CHAR
- ☐ SWEET
- ☐ BODY
- ☐ LEGS
- ☐ MALTY
- ☐ TOFFEE
- ☐ BALANCE
- ☐ HEAT/PROOF _____

COLOR METER

- MAHOGANY
- CARAMEL
- AMBER
- GOLD
- HONEY
- STRAW
- CLEAR

NOTES

_____
_____
_____
_____
_____
_____
_____

RATING ☆☆☆☆☆

WHISKEY NAME _____

DISTILLER _____ **AGE** _____

ORIGIN _____ **PRICE** _____

SAMPLED _____

FLAVORS

- ☐ LINGER
- ☐ DARK FRUIT
- ☐ CITRUS FRUIT
- ☐ FLORAL
- ☐ SPICY
- ☐ HERBAL
- ☐ WOODY
- ☐ TANNIC
- ☐ CHAR
- ☐ SWEET
- ☐ BODY
- ☐ LEGS
- ☐ MALTY
- ☐ TOFFEE
- ☐ BALANCE
- ☐ HEAT/PROOF
- _____

COLOR METER

- MAHOGANY
- CARAMEL
- AMBER
- GOLD
- HONEY
- STRAW
- CLEAR

NOTES

_____
_____
_____
_____
_____
_____
_____

RATING ☆☆☆☆☆

WHISKEY NAME _____

DISTILLER _____ **AGE** _____

ORIGIN _____ **PRICE** _____

SAMPLED _____

FLAVORS

- ☐ LINGER
- ☐ DARK FRUIT
- ☐ CITRUS FRUIT
- ☐ FLORAL
- ☐ SPICY
- ☐ HERBAL
- ☐ WOODY
- ☐ TANNIC
- ☐ CHAR
- ☐ SWEET
- ☐ BODY
- ☐ LEGS
- ☐ MALTY
- ☐ TOFFEE
- ☐ BALANCE
- ☐ HEAT/PROOF _____

COLOR METER

- MAHOGANY
- CARAMEL
- AMBER
- GOLD
- HONEY
- STRAW
- CLEAR

NOTES

_____
_____
_____
_____
_____
_____
_____

RATING ☆☆☆☆☆

WHISKEY NAME _____

DISTILLER _____ **AGE** _____

ORIGIN _____ **PRICE** _____

SAMPLED _____

FLAVORS

- ☐ LINGER
- ☐ DARK FRUIT
- ☐ CITRUS FRUIT
- ☐ FLORAL
- ☐ SPICY
- ☐ HERBAL
- ☐ WOODY
- ☐ TANNIC
- ☐ CHAR
- ☐ SWEET
- ☐ BODY
- ☐ LEGS
- ☐ MALTY
- ☐ TOFFEE
- ☐ BALANCE
- ☐ HEAT/PROOF _____

COLOR METER

- MAHOGANY
- CARAMEL
- AMBER
- GOLD
- HONEY
- STRAW
- CLEAR

NOTES

_____
_____
_____
_____
_____
_____
_____

RATING ☆☆☆☆☆

WHISKEY NAME _____

DISTILLER _____ **AGE** _____

ORIGIN _____ **PRICE** _____

SAMPLED _____

FLAVORS

- ☐ LINGER
- ☐ DARK FRUIT
- ☐ CITRUS FRUIT
- ☐ FLORAL
- ☐ SPICY
- ☐ HERBAL
- ☐ WOODY
- ☐ TANNIC
- ☐ CHAR
- ☐ SWEET
- ☐ BODY
- ☐ LEGS
- ☐ MALTY
- ☐ TOFFEE
- ☐ BALANCE
- ☐ HEAT/PROOF _____

COLOR METER

- MAHOGANY
- CARAMEL
- AMBER
- GOLD
- HONEY
- STRAW
- CLEAR

NOTES

_____
_____
_____
_____
_____
_____
_____

RATING ☆☆☆☆☆

WHISKEY NAME _____

DISTILLER _____ **AGE** _____

ORIGIN _____ **PRICE** _____

SAMPLED _____

FLAVORS

- ☐ LINGER
- ☐ DARK FRUIT
- ☐ CITRUS FRUIT
- ☐ FLORAL
- ☐ SPICY
- ☐ HERBAL
- ☐ WOODY
- ☐ TANNIC
- ☐ CHAR
- ☐ SWEET
- ☐ BODY
- ☐ LEGS
- ☐ MALTY
- ☐ TOFFEE
- ☐ BALANCE
- ☐ HEAT/PROOF
  _____

COLOR METER

- MAHOGANY
- CARAMEL
- AMBER
- GOLD
- HONEY
- STRAW
- CLEAR

NOTES

_____
_____
_____
_____
_____
_____
_____

RATING
☆ ☆ ☆ ☆ ☆

WHISKEY NAME _____

DISTILLER _____ **AGE** _____

ORIGIN _____ **PRICE** _____

SAMPLED _____

FLAVORS

- ☐ LINGER
- ☐ DARK FRUIT
- ☐ CITRUS FRUIT
- ☐ FLORAL
- ☐ SPICY
- ☐ HERBAL
- ☐ WOODY
- ☐ TANNIC
- ☐ CHAR
- ☐ SWEET
- ☐ BODY
- ☐ LEGS
- ☐ MALTY
- ☐ TOFFEE
- ☐ BALANCE
- ☐ HEAT/PROOF _____

COLOR METER

- MAHOGANY
- CARAMEL
- AMBER
- GOLD
- HONEY
- STRAW
- CLEAR

NOTES

_____
_____
_____
_____
_____
_____
_____

RATING ☆ ☆ ☆ ☆ ☆

WHISKEY NAME _____

DISTILLER _____ **AGE** _____

ORIGIN _____ **PRICE** _____

SAMPLED _____

FLAVORS

- ☐ LINGER
- ☐ DARK FRUIT
- ☐ CITRUS FRUIT
- ☐ FLORAL
- ☐ SPICY
- ☐ HERBAL
- ☐ WOODY
- ☐ TANNIC
- ☐ CHAR
- ☐ SWEET
- ☐ BODY
- ☐ LEGS
- ☐ MALTY
- ☐ TOFFEE
- ☐ BALANCE
- ☐ HEAT/PROOF _____

COLOR METER

- MAHOGANY
- CARAMEL
- AMBER
- GOLD
- HONEY
- STRAW
- CLEAR

NOTES

_____
_____
_____
_____
_____
_____
_____

RATING ☆☆☆☆☆

WHISKEY NAME _____

DISTILLER _____ **AGE** _____

ORIGIN _____ **PRICE** _____

SAMPLED _____

FLAVORS

- ☐ LINGER
- ☐ DARK FRUIT
- ☐ CITRUS FRUIT
- ☐ FLORAL
- ☐ SPICY
- ☐ HERBAL
- ☐ WOODY
- ☐ TANNIC
- ☐ CHAR
- ☐ SWEET
- ☐ BODY
- ☐ LEGS
- ☐ MALTY
- ☐ TOFFEE
- ☐ BALANCE
- ☐ HEAT/PROOF _____

COLOR METER

- MAHOGANY
- CARAMEL
- AMBER
- GOLD
- HONEY
- STRAW
- CLEAR

NOTES

_____
_____
_____
_____
_____
_____
_____

RATING
☆ ☆ ☆ ☆ ☆

WHISKEY NAME _____

DISTILLER _____ **AGE** _____

ORIGIN _____ **PRICE** _____

SAMPLED _____

FLAVORS

- ☐ LINGER
- ☐ DARK FRUIT
- ☐ CITRUS FRUIT
- ☐ FLORAL
- ☐ SPICY
- ☐ HERBAL
- ☐ WOODY
- ☐ TANNIC
- ☐ CHAR
- ☐ SWEET
- ☐ BODY
- ☐ LEGS
- ☐ MALTY
- ☐ TOFFEE
- ☐ BALANCE
- ☐ HEAT/PROOF
- _____

COLOR METER

- MAHOGANY
- CARAMEL
- AMBER
- GOLD
- HONEY
- STRAW
- CLEAR

NOTES

_____
_____
_____
_____
_____
_____
_____

RATING ☆ ☆ ☆ ☆ ☆

WHISKEY NAME _____

DISTILLER _____ **AGE** _____

ORIGIN _____ **PRICE** _____

SAMPLED _____

FLAVORS

- ☐ LINGER
- ☐ DARK FRUIT
- ☐ CITRUS FRUIT
- ☐ FLORAL
- ☐ SPICY
- ☐ HERBAL
- ☐ WOODY
- ☐ TANNIC
- ☐ CHAR
- ☐ SWEET
- ☐ BODY
- ☐ LEGS
- ☐ MALTY
- ☐ TOFFEE
- ☐ BALANCE
- ☐ HEAT/PROOF _____

COLOR METER

- MAHOGANY
- CARAMEL
- AMBER
- GOLD
- HONEY
- STRAW
- CLEAR

NOTES

_____
_____
_____
_____
_____
_____
_____

RATING
☆ ☆ ☆ ☆ ☆

WHISKEY NAME _____

DISTILLER _____ **AGE** _____

ORIGIN _____ **PRICE** _____

SAMPLED _____

FLAVORS

- ☐ LINGER
- ☐ DARK FRUIT
- ☐ CITRUS FRUIT
- ☐ FLORAL
- ☐ SPICY
- ☐ HERBAL
- ☐ WOODY
- ☐ TANNIC
- ☐ CHAR
- ☐ SWEET
- ☐ BODY
- ☐ LEGS
- ☐ MALTY
- ☐ TOFFEE
- ☐ BALANCE
- ☐ HEAT/PROOF _____

COLOR METER

- MAHOGANY
- CARAMEL
- AMBER
- GOLD
- HONEY
- STRAW
- CLEAR

NOTES

_____
_____
_____
_____
_____
_____
_____

RATING ☆☆☆☆☆

WHISKEY NAME _____

DISTILLER _____ **AGE** _____

ORIGIN _____ **PRICE** _____

SAMPLED _____

FLAVORS

- ☐ LINGER
- ☐ DARK FRUIT
- ☐ CITRUS FRUIT
- ☐ FLORAL
- ☐ SPICY
- ☐ HERBAL
- ☐ WOODY
- ☐ TANNIC
- ☐ CHAR
- ☐ SWEET
- ☐ BODY
- ☐ LEGS
- ☐ MALTY
- ☐ TOFFEE
- ☐ BALANCE
- ☐ HEAT/PROOF _____

COLOR METER

- MAHOGANY
- CARAMEL
- AMBER
- GOLD
- HONEY
- STRAW
- CLEAR

NOTES

_____
_____
_____
_____
_____
_____
_____
_____

RATING ☆☆☆☆☆

WHISKEY NAME _____

DISTILLER _____ **AGE** _____

ORIGIN _____ **PRICE** _____

SAMPLED _____

FLAVORS

- ☐ LINGER
- ☐ DARK FRUIT
- ☐ CITRUS FRUIT
- ☐ FLORAL
- ☐ SPICY
- ☐ HERBAL
- ☐ WOODY
- ☐ TANNIC
- ☐ CHAR
- ☐ SWEET
- ☐ BODY
- ☐ LEGS
- ☐ MALTY
- ☐ TOFFEE
- ☐ BALANCE
- ☐ HEAT/PROOF _____

COLOR METER

- MAHOGANY
- CARAMEL
- AMBER
- GOLD
- HONEY
- STRAW
- CLEAR

NOTES

_____
_____
_____
_____
_____
_____
_____

RATING ☆☆☆☆☆

WHISKEY NAME _____

DISTILLER _____ **AGE** _____

ORIGIN _____ **PRICE** _____

SAMPLED _____

FLAVORS

- ☐ LINGER
- ☐ DARK FRUIT
- ☐ CITRUS FRUIT
- ☐ FLORAL
- ☐ SPICY
- ☐ HERBAL
- ☐ WOODY
- ☐ TANNIC
- ☐ CHAR
- ☐ SWEET
- ☐ BODY
- ☐ LEGS
- ☐ MALTY
- ☐ TOFFEE
- ☐ BALANCE
- ☐ HEAT/PROOF _____

COLOR METER

- MAHOGANY
- CARAMEL
- AMBER
- GOLD
- HONEY
- STRAW
- CLEAR

NOTES

_____
_____
_____
_____
_____
_____
_____

RATING ☆☆☆☆☆

WHISKEY NAME _____

DISTILLER _____ **AGE** _____

ORIGIN _____ **PRICE** _____

SAMPLED _____

FLAVORS

- ☐ LINGER
- ☐ DARK FRUIT
- ☐ CITRUS FRUIT
- ☐ FLORAL
- ☐ SPICY
- ☐ HERBAL
- ☐ WOODY
- ☐ TANNIC
- ☐ CHAR
- ☐ SWEET
- ☐ BODY
- ☐ LEGS
- ☐ MALTY
- ☐ TOFFEE
- ☐ BALANCE
- ☐ HEAT/PROOF
- _____

COLOR METER

- MAHOGANY
- CARAMEL
- AMBER
- GOLD
- HONEY
- STRAW
- CLEAR

NOTES

_____
_____
_____
_____
_____
_____
_____

RATING ☆☆☆☆☆

WHISKEY NAME _____

DISTILLER _____ **AGE** _____

ORIGIN _____ **PRICE** _____

SAMPLED _____

FLAVORS

- ☐ LINGER
- ☐ DARK FRUIT
- ☐ CITRUS FRUIT
- ☐ FLORAL
- ☐ SPICY
- ☐ HERBAL
- ☐ WOODY
- ☐ TANNIC
- ☐ CHAR
- ☐ SWEET
- ☐ BODY
- ☐ LEGS
- ☐ MALTY
- ☐ TOFFEE
- ☐ BALANCE
- ☐ HEAT/PROOF _____

COLOR METER

- MAHOGANY
- CARAMEL
- AMBER
- GOLD
- HONEY
- STRAW
- CLEAR

NOTES

_____
_____
_____
_____
_____
_____
_____
_____

RATING ☆ ☆ ☆ ☆ ☆

WHISKEY NAME _____

DISTILLER _____ **AGE** _____

ORIGIN _____ **PRICE** _____

SAMPLED _____

FLAVORS

- ☐ LINGER
- ☐ DARK FRUIT
- ☐ CITRUS FRUIT
- ☐ FLORAL
- ☐ SPICY
- ☐ HERBAL
- ☐ WOODY
- ☐ TANNIC
- ☐ CHAR
- ☐ SWEET
- ☐ BODY
- ☐ LEGS
- ☐ MALTY
- ☐ TOFFEE
- ☐ BALANCE
- ☐ HEAT/PROOF
- _____

COLOR METER

- MAHOGANY
- CARAMEL
- AMBER
- GOLD
- HONEY
- STRAW
- CLEAR

NOTES

_____
_____
_____
_____
_____
_____
_____

RATING ☆☆☆☆☆

WHISKEY NAME _____

DISTILLER _____ **AGE** _____

ORIGIN _____ **PRICE** _____

SAMPLED _____

FLAVORS

- ☐ LINGER
- ☐ DARK FRUIT
- ☐ CITRUS FRUIT
- ☐ FLORAL
- ☐ SPICY
- ☐ HERBAL

- ☐ WOODY
- ☐ TANNIC
- ☐ CHAR
- ☐ SWEET
- ☐ BODY
- ☐ LEGS

- ☐ MALTY
- ☐ TOFFEE
- ☐ BALANCE
- ☐ HEAT/PROOF _____

COLOR METER

- MAHOGANY
- CARAMEL
- AMBER
- GOLD
- HONEY
- STRAW
- CLEAR

NOTES

_____
_____
_____
_____
_____
_____
_____

RATING

☆ ☆ ☆ ☆ ☆

WHISKEY NAME _____

DISTILLER _____ **AGE** _____

ORIGIN _____ **PRICE** _____

SAMPLED _____

FLAVORS

- ☐ LINGER
- ☐ DARK FRUIT
- ☐ CITRUS FRUIT
- ☐ FLORAL
- ☐ SPICY
- ☐ HERBAL
- ☐ WOODY
- ☐ TANNIC
- ☐ CHAR
- ☐ SWEET
- ☐ BODY
- ☐ LEGS
- ☐ MALTY
- ☐ TOFFEE
- ☐ BALANCE
- ☐ HEAT/PROOF _____

COLOR METER

- MAHOGANY
- CARAMEL
- AMBER
- GOLD
- HONEY
- STRAW
- CLEAR

NOTES

_____
_____
_____
_____
_____
_____
_____

RATING ☆☆☆☆☆

WHISKEY NAME _____

DISTILLER _____ **AGE** _____

ORIGIN _____ **PRICE** _____

SAMPLED _____

FLAVORS

- ☐ LINGER
- ☐ DARK FRUIT
- ☐ CITRUS FRUIT
- ☐ FLORAL
- ☐ SPICY
- ☐ HERBAL
- ☐ WOODY
- ☐ TANNIC
- ☐ CHAR
- ☐ SWEET
- ☐ BODY
- ☐ LEGS
- ☐ MALTY
- ☐ TOFFEE
- ☐ BALANCE
- ☐ HEAT/PROOF _____

COLOR METER

- MAHOGANY
- CARAMEL
- AMBER
- GOLD
- HONEY
- STRAW
- CLEAR

NOTES

_____
_____
_____
_____
_____
_____
_____

RATING ☆☆☆☆☆

WHISKEY NAME _____

DISTILLER _____ **AGE** _____

ORIGIN _____ **PRICE** _____

SAMPLED _____

FLAVORS

- ☐ LINGER
- ☐ DARK FRUIT
- ☐ CITRUS FRUIT
- ☐ FLORAL
- ☐ SPICY
- ☐ HERBAL

- ☐ WOODY
- ☐ TANNIC
- ☐ CHAR
- ☐ SWEET
- ☐ BODY
- ☐ LEGS

- ☐ MALTY
- ☐ TOFFEE
- ☐ BALANCE
- ☐ HEAT/PROOF _____

COLOR METER

- MAHOGANY
- CARAMEL
- AMBER
- GOLD
- HONEY
- STRAW
- CLEAR

NOTES

_____
_____
_____
_____
_____
_____
_____

RATING

☆ ☆ ☆ ☆ ☆

WHISKEY NAME _____

DISTILLER _____ **AGE** _____

ORIGIN _____ **PRICE** _____

SAMPLED _____

FLAVORS

- ☐ LINGER
- ☐ DARK FRUIT
- ☐ CITRUS FRUIT
- ☐ FLORAL
- ☐ SPICY
- ☐ HERBAL
- ☐ WOODY
- ☐ TANNIC
- ☐ CHAR
- ☐ SWEET
- ☐ BODY
- ☐ LEGS
- ☐ MALTY
- ☐ TOFFEE
- ☐ BALANCE
- ☐ HEAT/PROOF _____

COLOR METER

- MAHOGANY
- CARAMEL
- AMBER
- GOLD
- HONEY
- STRAW
- CLEAR

NOTES

_____
_____
_____
_____
_____
_____
_____

RATING

☆☆☆☆☆

WHISKEY NAME _____

DISTILLER _____ **AGE** _____

ORIGIN _____ **PRICE** _____

SAMPLED _____

FLAVORS

- ☐ LINGER
- ☐ DARK FRUIT
- ☐ CITRUS FRUIT
- ☐ FLORAL
- ☐ SPICY
- ☐ HERBAL
- ☐ WOODY
- ☐ TANNIC
- ☐ CHAR
- ☐ SWEET
- ☐ BODY
- ☐ LEGS
- ☐ MALTY
- ☐ TOFFEE
- ☐ BALANCE
- ☐ HEAT/PROOF
  _____

COLOR METER

- MAHOGANY
- CARAMEL
- AMBER
- GOLD
- HONEY
- STRAW
- CLEAR

NOTES

_____
_____
_____
_____
_____
_____
_____

RATING
☆☆☆☆☆

WHISKEY NAME _____

DISTILLER _____ **AGE** _____

ORIGIN _____ **PRICE** _____

SAMPLED _____

FLAVORS

- ☐ LINGER
- ☐ DARK FRUIT
- ☐ CITRUS FRUIT
- ☐ FLORAL
- ☐ SPICY
- ☐ HERBAL
- ☐ WOODY
- ☐ TANNIC
- ☐ CHAR
- ☐ SWEET
- ☐ BODY
- ☐ LEGS
- ☐ MALTY
- ☐ TOFFEE
- ☐ BALANCE
- ☐ HEAT/PROOF _____

COLOR METER

- MAHOGANY
- CARAMEL
- AMBER
- GOLD
- HONEY
- STRAW
- CLEAR

NOTES

_____
_____
_____
_____
_____
_____
_____

RATING ☆ ☆ ☆ ☆ ☆

WHISKEY NAME _____

DISTILLER _____ **AGE** _____

ORIGIN _____ **PRICE** _____

SAMPLED _____

FLAVORS

- ☐ LINGER
- ☐ DARK FRUIT
- ☐ CITRUS FRUIT
- ☐ FLORAL
- ☐ SPICY
- ☐ HERBAL
- ☐ WOODY
- ☐ TANNIC
- ☐ CHAR
- ☐ SWEET
- ☐ BODY
- ☐ LEGS
- ☐ MALTY
- ☐ TOFFEE
- ☐ BALANCE
- ☐ HEAT/PROOF

COLOR METER

- MAHOGANY
- CARAMEL
- AMBER
- GOLD
- HONEY
- STRAW
- CLEAR

NOTES

_____
_____
_____
_____
_____
_____
_____

RATING
☆☆☆☆☆

WHISKEY NAME _____

DISTILLER _____ **AGE** _____

ORIGIN _____ **PRICE** _____

SAMPLED _____

FLAVORS

- ☐ LINGER
- ☐ DARK FRUIT
- ☐ CITRUS FRUIT
- ☐ FLORAL
- ☐ SPICY
- ☐ HERBAL

- ☐ WOODY
- ☐ TANNIC
- ☐ CHAR
- ☐ SWEET
- ☐ BODY
- ☐ LEGS

- ☐ MALTY
- ☐ TOFFEE
- ☐ BALANCE
- ☐ HEAT/PROOF _____

COLOR METER

- MAHOGANY
- CARAMEL
- AMBER
- GOLD
- HONEY
- STRAW
- CLEAR

NOTES

_____
_____
_____
_____
_____
_____
_____

RATING
☆ ☆ ☆ ☆ ☆

WHISKEY NAME _____

DISTILLER _____ **AGE** _____

ORIGIN _____ **PRICE** _____

SAMPLED _____

FLAVORS

- ☐ LINGER
- ☐ DARK FRUIT
- ☐ CITRUS FRUIT
- ☐ FLORAL
- ☐ SPICY
- ☐ HERBAL
- ☐ WOODY
- ☐ TANNIC
- ☐ CHAR
- ☐ SWEET
- ☐ BODY
- ☐ LEGS
- ☐ MALTY
- ☐ TOFFEE
- ☐ BALANCE
- ☐ HEAT/PROOF _____

COLOR METER

- MAHOGANY
- CARAMEL
- AMBER
- GOLD
- HONEY
- STRAW
- CLEAR

NOTES

_____
_____
_____
_____
_____
_____
_____

RATING ☆☆☆☆☆

WHISKEY NAME _____

DISTILLER _____ **AGE** _____

ORIGIN _____ **PRICE** _____

SAMPLED _____

FLAVORS

- ☐ LINGER
- ☐ DARK FRUIT
- ☐ CITRUS FRUIT
- ☐ FLORAL
- ☐ SPICY
- ☐ HERBAL
- ☐ WOODY
- ☐ TANNIC
- ☐ CHAR
- ☐ SWEET
- ☐ BODY
- ☐ LEGS
- ☐ MALTY
- ☐ TOFFEE
- ☐ BALANCE
- ☐ HEAT/PROOF _____

COLOR METER

- MAHOGANY
- CARAMEL
- AMBER
- GOLD
- HONEY
- STRAW
- CLEAR

NOTES

_____
_____
_____
_____
_____
_____
_____
_____

RATING ☆☆☆☆☆

WHISKEY NAME _____

DISTILLER _____ **AGE** _____

ORIGIN _____ **PRICE** _____

SAMPLED _____

FLAVORS

- ☐ LINGER
- ☐ DARK FRUIT
- ☐ CITRUS FRUIT
- ☐ FLORAL
- ☐ SPICY
- ☐ HERBAL
- ☐ WOODY
- ☐ TANNIC
- ☐ CHAR
- ☐ SWEET
- ☐ BODY
- ☐ LEGS
- ☐ MALTY
- ☐ TOFFEE
- ☐ BALANCE
- ☐ HEAT/PROOF _____

COLOR METER

- MAHOGANY
- CARAMEL
- AMBER
- GOLD
- HONEY
- STRAW
- CLEAR

NOTES

_____
_____
_____
_____
_____
_____
_____

RATING ☆ ☆ ☆ ☆ ☆

WHISKEY NAME _____

DISTILLER _____ **AGE** _____

ORIGIN _____ **PRICE** _____

SAMPLED _____

FLAVORS

- ☐ LINGER
- ☐ DARK FRUIT
- ☐ CITRUS FRUIT
- ☐ FLORAL
- ☐ SPICY
- ☐ HERBAL
- ☐ WOODY
- ☐ TANNIC
- ☐ CHAR
- ☐ SWEET
- ☐ BODY
- ☐ LEGS
- ☐ MALTY
- ☐ TOFFEE
- ☐ BALANCE
- ☐ HEAT/PROOF _____

COLOR METER

- MAHOGANY
- CARAMEL
- AMBER
- GOLD
- HONEY
- STRAW
- CLEAR

NOTES

_____
_____
_____
_____
_____
_____
_____

RATING

☆ ☆ ☆ ☆ ☆

WHISKEY NAME _____

DISTILLER _____ **AGE** _____

ORIGIN _____ **PRICE** _____

SAMPLED _____

FLAVORS

- ☐ LINGER
- ☐ DARK FRUIT
- ☐ CITRUS FRUIT
- ☐ FLORAL
- ☐ SPICY
- ☐ HERBAL

- ☐ WOODY
- ☐ TANNIC
- ☐ CHAR
- ☐ SWEET
- ☐ BODY
- ☐ LEGS

- ☐ MALTY
- ☐ TOFFEE
- ☐ BALANCE
- ☐ HEAT/PROOF _____

COLOR METER

- MAHOGANY
- CARAMEL
- AMBER
- GOLD
- HONEY
- STRAW
- CLEAR

NOTES

_____
_____
_____
_____
_____
_____
_____

RATING ☆☆☆☆☆

WHISKEY NAME _____

DISTILLER _____ **AGE** _____

ORIGIN _____ **PRICE** _____

SAMPLED _____

FLAVORS

- ☐ LINGER
- ☐ DARK FRUIT
- ☐ CITRUS FRUIT
- ☐ FLORAL
- ☐ SPICY
- ☐ HERBAL

- ☐ WOODY
- ☐ TANNIC
- ☐ CHAR
- ☐ SWEET
- ☐ BODY
- ☐ LEGS

- ☐ MALTY
- ☐ TOFFEE
- ☐ BALANCE
- ☐ HEAT/PROOF _____

COLOR METER

- MAHOGANY
- CARAMEL
- AMBER
- GOLD
- HONEY
- STRAW
- CLEAR

NOTES

_____
_____
_____
_____
_____
_____
_____
_____

RATING
☆ ☆ ☆ ☆ ☆

WHISKEY NAME _____

DISTILLER _____ **AGE** _____

ORIGIN _____ **PRICE** _____

SAMPLED _____

FLAVORS

- ☐ LINGER
- ☐ DARK FRUIT
- ☐ CITRUS FRUIT
- ☐ FLORAL
- ☐ SPICY
- ☐ HERBAL
- ☐ WOODY
- ☐ TANNIC
- ☐ CHAR
- ☐ SWEET
- ☐ BODY
- ☐ LEGS
- ☐ MALTY
- ☐ TOFFEE
- ☐ BALANCE
- ☐ HEAT/PROOF _____

COLOR METER

- MAHOGANY
- CARAMEL
- AMBER
- GOLD
- HONEY
- STRAW
- CLEAR

NOTES

_____
_____
_____
_____
_____
_____
_____

RATING ☆☆☆☆☆

WHISKEY NAME _____

DISTILLER _____ **AGE** _____

ORIGIN _____ **PRICE** _____

SAMPLED _____

FLAVORS

- ☐ LINGER
- ☐ DARK FRUIT
- ☐ CITRUS FRUIT
- ☐ FLORAL
- ☐ SPICY
- ☐ HERBAL

- ☐ WOODY
- ☐ TANNIC
- ☐ CHAR
- ☐ SWEET
- ☐ BODY
- ☐ LEGS

- ☐ MALTY
- ☐ TOFFEE
- ☐ BALANCE
- ☐ HEAT/PROOF _____

COLOR METER

- MAHOGANY
- CARAMEL
- AMBER
- GOLD
- HONEY
- STRAW
- CLEAR

NOTES

_____
_____
_____
_____
_____
_____
_____

RATING ☆☆☆☆☆

WHISKEY NAME _____

DISTILLER _____ **AGE** _____

ORIGIN _____ **PRICE** _____

SAMPLED _____

FLAVORS

- ☐ LINGER
- ☐ DARK FRUIT
- ☐ CITRUS FRUIT
- ☐ FLORAL
- ☐ SPICY
- ☐ HERBAL
- ☐ WOODY
- ☐ TANNIC
- ☐ CHAR
- ☐ SWEET
- ☐ BODY
- ☐ LEGS
- ☐ MALTY
- ☐ TOFFEE
- ☐ BALANCE
- ☐ HEAT/PROOF _____

COLOR METER

- MAHOGANY
- CARAMEL
- AMBER
- GOLD
- HONEY
- STRAW
- CLEAR

NOTES

_____
_____
_____
_____
_____
_____
_____

RATING ☆☆☆☆☆

WHISKEY NAME _____

DISTILLER _____ **AGE** _____

ORIGIN _____ **PRICE** _____

SAMPLED _____

FLAVORS

- ☐ LINGER
- ☐ DARK FRUIT
- ☐ CITRUS FRUIT
- ☐ FLORAL
- ☐ SPICY
- ☐ HERBAL
- ☐ WOODY
- ☐ TANNIC
- ☐ CHAR
- ☐ SWEET
- ☐ BODY
- ☐ LEGS
- ☐ MALTY
- ☐ TOFFEE
- ☐ BALANCE
- ☐ HEAT/PROOF _____

COLOR METER

- MAHOGANY
- CARAMEL
- AMBER
- GOLD
- HONEY
- STRAW
- CLEAR

NOTES

_____
_____
_____
_____
_____
_____
_____

RATING
☆ ☆ ☆ ☆ ☆

WHISKEY NAME _____

DISTILLER _____ **AGE** _____

ORIGIN _____ **PRICE** _____

SAMPLED _____

FLAVORS

- ☐ LINGER
- ☐ DARK FRUIT
- ☐ CITRUS FRUIT
- ☐ FLORAL
- ☐ SPICY
- ☐ HERBAL
- ☐ WOODY
- ☐ TANNIC
- ☐ CHAR
- ☐ SWEET
- ☐ BODY
- ☐ LEGS
- ☐ MALTY
- ☐ TOFFEE
- ☐ BALANCE
- ☐ HEAT/PROOF
- ☐ _____

COLOR METER

- MAHOGANY
- CARAMEL
- AMBER
- GOLD
- HONEY
- STRAW
- CLEAR

NOTES

_____
_____
_____
_____
_____
_____
_____

RATING
☆☆☆☆☆

WHISKEY NAME _____

DISTILLER _____ **AGE** _____

ORIGIN _____ **PRICE** _____

SAMPLED _____

FLAVORS

- ☐ LINGER
- ☐ DARK FRUIT
- ☐ CITRUS FRUIT
- ☐ FLORAL
- ☐ SPICY
- ☐ HERBAL
- ☐ WOODY
- ☐ TANNIC
- ☐ CHAR
- ☐ SWEET
- ☐ BODY
- ☐ LEGS
- ☐ MALTY
- ☐ TOFFEE
- ☐ BALANCE
- ☐ HEAT/PROOF _____

COLOR METER

- MAHOGANY
- CARAMEL
- AMBER
- GOLD
- HONEY
- STRAW
- CLEAR

NOTES

_____
_____
_____
_____
_____
_____
_____

RATING ☆☆☆☆☆

WHISKEY NAME _____

DISTILLER _____ **AGE** _____

ORIGIN _____ **PRICE** _____

SAMPLED _____

FLAVORS

- ☐ LINGER
- ☐ DARK FRUIT
- ☐ CITRUS FRUIT
- ☐ FLORAL
- ☐ SPICY
- ☐ HERBAL

- ☐ WOODY
- ☐ TANNIC
- ☐ CHAR
- ☐ SWEET
- ☐ BODY
- ☐ LEGS

- ☐ MALTY
- ☐ TOFFEE
- ☐ BALANCE
- ☐ HEAT/PROOF _____

COLOR METER

- MAHOGANY
- CARAMEL
- AMBER
- GOLD
- HONEY
- STRAW
- CLEAR

NOTES

_____
_____
_____
_____
_____
_____
_____

RATING
☆☆☆☆☆

WHISKEY NAME _____

DISTILLER _____ **AGE** _____

ORIGIN _____ **PRICE** _____

SAMPLED _____

FLAVORS

- ☐ LINGER
- ☐ DARK FRUIT
- ☐ CITRUS FRUIT
- ☐ FLORAL
- ☐ SPICY
- ☐ HERBAL
- ☐ WOODY
- ☐ TANNIC
- ☐ CHAR
- ☐ SWEET
- ☐ BODY
- ☐ LEGS
- ☐ MALTY
- ☐ TOFFEE
- ☐ BALANCE
- ☐ HEAT/PROOF _____

COLOR METER

- MAHOGANY
- CARAMEL
- AMBER
- GOLD
- HONEY
- STRAW
- CLEAR

NOTES

_____
_____
_____
_____
_____
_____
_____

RATING
☆ ☆ ☆ ☆ ☆

WHISKEY NAME _____

DISTILLER _____ **AGE** _____

ORIGIN _____ **PRICE** _____

SAMPLED _____

FLAVORS

- ☐ LINGER
- ☐ DARK FRUIT
- ☐ CITRUS FRUIT
- ☐ FLORAL
- ☐ SPICY
- ☐ HERBAL

- ☐ WOODY
- ☐ TANNIC
- ☐ CHAR
- ☐ SWEET
- ☐ BODY
- ☐ LEGS

- ☐ MALTY
- ☐ TOFFEE
- ☐ BALANCE
- ☐ HEAT/PROOF _____

COLOR METER

- MAHOGANY
- CARAMEL
- AMBER
- GOLD
- HONEY
- STRAW
- CLEAR

NOTES

_____
_____
_____
_____
_____
_____
_____

RATING
☆ ☆ ☆ ☆ ☆

WHISKEY NAME _____

DISTILLER _____ **AGE** _____

ORIGIN _____ **PRICE** _____

SAMPLED _____

FLAVORS

- ☐ LINGER
- ☐ DARK FRUIT
- ☐ CITRUS FRUIT
- ☐ FLORAL
- ☐ SPICY
- ☐ HERBAL
- ☐ WOODY
- ☐ TANNIC
- ☐ CHAR
- ☐ SWEET
- ☐ BODY
- ☐ LEGS
- ☐ MALTY
- ☐ TOFFEE
- ☐ BALANCE
- ☐ HEAT/PROOF _____

COLOR METER

- MAHOGANY
- CARAMEL
- AMBER
- GOLD
- HONEY
- STRAW
- CLEAR

NOTES

_____
_____
_____
_____
_____
_____
_____

RATING
☆ ☆ ☆ ☆ ☆

WHISKEY NAME _____

DISTILLER _____ **AGE** _____

ORIGIN _____ **PRICE** _____

SAMPLED _____

FLAVORS

- ☐ LINGER
- ☐ DARK FRUIT
- ☐ CITRUS FRUIT
- ☐ FLORAL
- ☐ SPICY
- ☐ HERBAL
- ☐ WOODY
- ☐ TANNIC
- ☐ CHAR
- ☐ SWEET
- ☐ BODY
- ☐ LEGS
- ☐ MALTY
- ☐ TOFFEE
- ☐ BALANCE
- ☐ HEAT/PROOF _____

COLOR METER

- MAHOGANY
- CARAMEL
- AMBER
- GOLD
- HONEY
- STRAW
- CLEAR

NOTES

_____
_____
_____
_____
_____
_____
_____
_____

RATING ☆☆☆☆☆

WHISKEY NAME _____

DISTILLER _____ **AGE** _____

ORIGIN _____ **PRICE** _____

SAMPLED _____

FLAVORS

- ☐ LINGER
- ☐ DARK FRUIT
- ☐ CITRUS FRUIT
- ☐ FLORAL
- ☐ SPICY
- ☐ HERBAL
- ☐ WOODY
- ☐ TANNIC
- ☐ CHAR
- ☐ SWEET
- ☐ BODY
- ☐ LEGS
- ☐ MALTY
- ☐ TOFFEE
- ☐ BALANCE
- ☐ HEAT/PROOF _____

COLOR METER

- MAHOGANY
- CARAMEL
- AMBER
- GOLD
- HONEY
- STRAW
- CLEAR

NOTES

_____
_____
_____
_____
_____
_____
_____

RATING
☆ ☆ ☆ ☆ ☆

WHISKEY NAME _____

DISTILLER _____ **AGE** _____

ORIGIN _____ **PRICE** _____

SAMPLED _____

FLAVORS

- ☐ LINGER
- ☐ DARK FRUIT
- ☐ CITRUS FRUIT
- ☐ FLORAL
- ☐ SPICY
- ☐ HERBAL

- ☐ WOODY
- ☐ TANNIC
- ☐ CHAR
- ☐ SWEET
- ☐ BODY
- ☐ LEGS

- ☐ MALTY
- ☐ TOFFEE
- ☐ BALANCE
- ☐ HEAT/PROOF _____

COLOR METER

- MAHOGANY
- CARAMEL
- AMBER
- GOLD
- HONEY
- STRAW
- CLEAR

NOTES

_____
_____
_____
_____
_____
_____

RATING
☆ ☆ ☆ ☆ ☆

WHISKEY NAME _____

DISTILLER _____ **AGE** _____

ORIGIN _____ **PRICE** _____

SAMPLED _____

FLAVORS

- ☐ LINGER
- ☐ DARK FRUIT
- ☐ CITRUS FRUIT
- ☐ FLORAL
- ☐ SPICY
- ☐ HERBAL

- ☐ WOODY
- ☐ TANNIC
- ☐ CHAR
- ☐ SWEET
- ☐ BODY
- ☐ LEGS

- ☐ MALTY
- ☐ TOFFEE
- ☐ BALANCE
- ☐ HEAT/PROOF _____

COLOR METER

- MAHOGANY
- CARAMEL
- AMBER
- GOLD
- HONEY
- STRAW
- CLEAR

NOTES

_____
_____
_____
_____
_____
_____
_____

RATING
☆ ☆ ☆ ☆ ☆

WHISKEY NAME _____

DISTILLER _____ **AGE** _____

ORIGIN _____ **PRICE** _____

SAMPLED _____

FLAVORS

- ☐ LINGER
- ☐ DARK FRUIT
- ☐ CITRUS FRUIT
- ☐ FLORAL
- ☐ SPICY
- ☐ HERBAL

- ☐ WOODY
- ☐ TANNIC
- ☐ CHAR
- ☐ SWEET
- ☐ BODY
- ☐ LEGS

- ☐ MALTY
- ☐ TOFFEE
- ☐ BALANCE
- ☐ HEAT/PROOF
  _____

COLOR METER

- MAHOGANY
- CARAMEL
- AMBER
- GOLD
- HONEY
- STRAW
- CLEAR

NOTES

_____
_____
_____
_____
_____
_____
_____

RATING
☆☆☆☆☆

WHISKEY NAME _____

DISTILLER _____ **AGE** _____

ORIGIN _____ **PRICE** _____

SAMPLED _____

FLAVORS

- ☐ LINGER
- ☐ DARK FRUIT
- ☐ CITRUS FRUIT
- ☐ FLORAL
- ☐ SPICY
- ☐ HERBAL
- ☐ WOODY
- ☐ TANNIC
- ☐ CHAR
- ☐ SWEET
- ☐ BODY
- ☐ LEGS
- ☐ MALTY
- ☐ TOFFEE
- ☐ BALANCE
- ☐ HEAT/PROOF _____

COLOR METER

- MAHOGANY
- CARAMEL
- AMBER
- GOLD
- HONEY
- STRAW
- CLEAR

NOTES

_____
_____
_____
_____
_____
_____
_____

RATING ☆ ☆ ☆ ☆ ☆

WHISKEY NAME _____

DISTILLER _____ **AGE** _____

ORIGIN _____ **PRICE** _____

SAMPLED _____

FLAVORS

- ☐ LINGER
- ☐ DARK FRUIT
- ☐ CITRUS FRUIT
- ☐ FLORAL
- ☐ SPICY
- ☐ HERBAL

- ☐ WOODY
- ☐ TANNIC
- ☐ CHAR
- ☐ SWEET
- ☐ BODY
- ☐ LEGS

- ☐ MALTY
- ☐ TOFFEE
- ☐ BALANCE
- ☐ HEAT/PROOF
- _____

COLOR METER

- MAHOGANY
- CARAMEL
- AMBER
- GOLD
- HONEY
- STRAW
- CLEAR

NOTES

_____
_____
_____
_____
_____
_____
_____

RATING

☆☆☆☆☆

WHISKEY NAME _____

DISTILLER _____ **AGE** _____

ORIGIN _____ **PRICE** _____

SAMPLED _____

FLAVORS

- ☐ LINGER
- ☐ DARK FRUIT
- ☐ CITRUS FRUIT
- ☐ FLORAL
- ☐ SPICY
- ☐ HERBAL

- ☐ WOODY
- ☐ TANNIC
- ☐ CHAR
- ☐ SWEET
- ☐ BODY
- ☐ LEGS

- ☐ MALTY
- ☐ TOFFEE
- ☐ BALANCE
- ☐ HEAT/PROOF _____

COLOR METER

- MAHOGANY
- CARAMEL
- AMBER
- GOLD
- HONEY
- STRAW
- CLEAR

NOTES

_____
_____
_____
_____
_____
_____
_____

RATING

☆ ☆ ☆ ☆ ☆

WHISKEY NAME _____

DISTILLER _____ **AGE** _____

ORIGIN _____ **PRICE** _____

SAMPLED _____

FLAVORS

- ☐ LINGER
- ☐ DARK FRUIT
- ☐ CITRUS FRUIT
- ☐ FLORAL
- ☐ SPICY
- ☐ HERBAL
- ☐ WOODY
- ☐ TANNIC
- ☐ CHAR
- ☐ SWEET
- ☐ BODY
- ☐ LEGS
- ☐ MALTY
- ☐ TOFFEE
- ☐ BALANCE
- ☐ HEAT/PROOF _____

COLOR METER

- MAHOGANY
- CARAMEL
- AMBER
- GOLD
- HONEY
- STRAW
- CLEAR

NOTES

_____
_____
_____
_____
_____
_____
_____

RATING ☆☆☆☆☆

WHISKEY NAME _____

DISTILLER _____ **AGE** _____

ORIGIN _____ **PRICE** _____

SAMPLED _____

FLAVORS

- ☐ LINGER
- ☐ DARK FRUIT
- ☐ CITRUS FRUIT
- ☐ FLORAL
- ☐ SPICY
- ☐ HERBAL

- ☐ WOODY
- ☐ TANNIC
- ☐ CHAR
- ☐ SWEET
- ☐ BODY
- ☐ LEGS

- ☐ MALTY
- ☐ TOFFEE
- ☐ BALANCE
- ☐ HEAT/PROOF _____

COLOR METER

- MAHOGANY
- CARAMEL
- AMBER
- GOLD
- HONEY
- STRAW
- CLEAR

NOTES

_____
_____
_____
_____
_____
_____
_____

RATING
☆ ☆ ☆ ☆ ☆

WHISKEY NAME _____

DISTILLER _____ **AGE** _____

ORIGIN _____ **PRICE** _____

SAMPLED _____

FLAVORS

- ☐ LINGER
- ☐ DARK FRUIT
- ☐ CITRUS FRUIT
- ☐ FLORAL
- ☐ SPICY
- ☐ HERBAL
- ☐ WOODY
- ☐ TANNIC
- ☐ CHAR
- ☐ SWEET
- ☐ BODY
- ☐ LEGS
- ☐ MALTY
- ☐ TOFFEE
- ☐ BALANCE
- ☐ HEAT/PROOF _____

COLOR METER

- MAHOGANY
- CARAMEL
- AMBER
- GOLD
- HONEY
- STRAW
- CLEAR

NOTES

_____
_____
_____
_____
_____
_____
_____

RATING

☆ ☆ ☆ ☆ ☆

WHISKEY NAME _____

DISTILLER _____ **AGE** _____

ORIGIN _____ **PRICE** _____

SAMPLED _____

FLAVORS

- ☐ LINGER
- ☐ DARK FRUIT
- ☐ CITRUS FRUIT
- ☐ FLORAL
- ☐ SPICY
- ☐ HERBAL

- ☐ WOODY
- ☐ TANNIC
- ☐ CHAR
- ☐ SWEET
- ☐ BODY
- ☐ LEGS

- ☐ MALTY
- ☐ TOFFEE
- ☐ BALANCE
- ☐ HEAT/PROOF _____

COLOR METER

- MAHOGANY
- CARAMEL
- AMBER
- GOLD
- HONEY
- STRAW
- CLEAR

NOTES

_____
_____
_____
_____
_____
_____
_____

RATING

☆ ☆ ☆ ☆ ☆

WHISKEY NAME _____

DISTILLER _____ **AGE** _____

ORIGIN _____ **PRICE** _____

SAMPLED _____

FLAVORS

- ☐ LINGER
- ☐ DARK FRUIT
- ☐ CITRUS FRUIT
- ☐ FLORAL
- ☐ SPICY
- ☐ HERBAL

- ☐ WOODY
- ☐ TANNIC
- ☐ CHAR
- ☐ SWEET
- ☐ BODY
- ☐ LEGS

- ☐ MALTY
- ☐ TOFFEE
- ☐ BALANCE
- ☐ HEAT/PROOF _____

COLOR METER

- MAHOGANY
- CARAMEL
- AMBER
- GOLD
- HONEY
- STRAW
- CLEAR

NOTES

_____
_____
_____
_____
_____
_____
_____

RATING
☆ ☆ ☆ ☆ ☆

WHISKEY NAME _____

DISTILLER _____ **AGE** _____

ORIGIN _____ **PRICE** _____

SAMPLED _____

FLAVORS

- ☐ LINGER
- ☐ DARK FRUIT
- ☐ CITRUS FRUIT
- ☐ FLORAL
- ☐ SPICY
- ☐ HERBAL
- ☐ WOODY
- ☐ TANNIC
- ☐ CHAR
- ☐ SWEET
- ☐ BODY
- ☐ LEGS
- ☐ MALTY
- ☐ TOFFEE
- ☐ BALANCE
- ☐ HEAT/PROOF _____

COLOR METER

- MAHOGANY
- CARAMEL
- AMBER
- GOLD
- HONEY
- STRAW
- CLEAR

NOTES

_____
_____
_____
_____
_____
_____
_____

RATING ☆ ☆ ☆ ☆ ☆

WHISKEY NAME _____

DISTILLER _____ **AGE** _____

ORIGIN _____ **PRICE** _____

SAMPLED _____

FLAVORS

- ☐ LINGER
- ☐ DARK FRUIT
- ☐ CITRUS FRUIT
- ☐ FLORAL
- ☐ SPICY
- ☐ HERBAL

- ☐ WOODY
- ☐ TANNIC
- ☐ CHAR
- ☐ SWEET
- ☐ BODY
- ☐ LEGS

- ☐ MALTY
- ☐ TOFFEE
- ☐ BALANCE
- ☐ HEAT/PROOF _____

COLOR METER

- MAHOGANY
- CARAMEL
- AMBER
- GOLD
- HONEY
- STRAW
- CLEAR

NOTES

_____
_____
_____
_____
_____
_____
_____

RATING

☆ ☆ ☆ ☆ ☆

WHISKEY NAME _____

DISTILLER _____ **AGE** _____

ORIGIN _____ **PRICE** _____

SAMPLED _____

FLAVORS

- ☐ LINGER
- ☐ DARK FRUIT
- ☐ CITRUS FRUIT
- ☐ FLORAL
- ☐ SPICY
- ☐ HERBAL

- ☐ WOODY
- ☐ TANNIC
- ☐ CHAR
- ☐ SWEET
- ☐ BODY
- ☐ LEGS

- ☐ MALTY
- ☐ TOFFEE
- ☐ BALANCE
- ☐ HEAT/PROOF _____

COLOR METER

- MAHOGANY
- CARAMEL
- AMBER
- GOLD
- HONEY
- STRAW
- CLEAR

NOTES

_____
_____
_____
_____
_____
_____
_____

RATING

☆ ☆ ☆ ☆ ☆

WHISKEY NAME _____

DISTILLER _____ **AGE** _____

ORIGIN _____ **PRICE** _____

SAMPLED _____

FLAVORS

- ☐ LINGER
- ☐ DARK FRUIT
- ☐ CITRUS FRUIT
- ☐ FLORAL
- ☐ SPICY
- ☐ HERBAL
- ☐ WOODY
- ☐ TANNIC
- ☐ CHAR
- ☐ SWEET
- ☐ BODY
- ☐ LEGS
- ☐ MALTY
- ☐ TOFFEE
- ☐ BALANCE
- ☐ HEAT/PROOF _____

COLOR METER

- MAHOGANY
- CARAMEL
- AMBER
- GOLD
- HONEY
- STRAW
- CLEAR

NOTES

_____
_____
_____
_____
_____
_____
_____

RATING ☆☆☆☆☆

WHISKEY NAME _____

DISTILLER _____ **AGE** _____

ORIGIN _____ **PRICE** _____

SAMPLED _____

FLAVORS		
☐ LINGER	☐ WOODY	☐ MALTY
☐ DARK FRUIT	☐ TANNIC	☐ TOFFEE
☐ CITRUS FRUIT	☐ CHAR	☐ BALANCE
☐ FLORAL	☐ SWEET	☐ HEAT/PROOF _____
☐ SPICY	☐ BODY	
☐ HERBAL	☐ LEGS	

COLOR METER

- MAHOGANY
- CARAMEL
- AMBER
- GOLD
- HONEY
- STRAW
- CLEAR

NOTES

_____
_____
_____
_____
_____
_____
_____

RATING

☆ ☆ ☆ ☆ ☆

WHISKEY NAME _____

DISTILLER _____ **AGE** _____

ORIGIN _____ **PRICE** _____

SAMPLED _____

FLAVORS

- ☐ LINGER
- ☐ DARK FRUIT
- ☐ CITRUS FRUIT
- ☐ FLORAL
- ☐ SPICY
- ☐ HERBAL

- ☐ WOODY
- ☐ TANNIC
- ☐ CHAR
- ☐ SWEET
- ☐ BODY
- ☐ LEGS

- ☐ MALTY
- ☐ TOFFEE
- ☐ BALANCE
- ☐ HEAT/PROOF _____

COLOR METER

- MAHOGANY
- CARAMEL
- AMBER
- GOLD
- HONEY
- STRAW
- CLEAR

NOTES

_____
_____
_____
_____
_____
_____
_____

RATING
☆ ☆ ☆ ☆ ☆

WHISKEY NAME _____

DISTILLER _____ **AGE** _____

ORIGIN _____ **PRICE** _____

SAMPLED _____

FLAVORS

- ☐ LINGER
- ☐ DARK FRUIT
- ☐ CITRUS FRUIT
- ☐ FLORAL
- ☐ SPICY
- ☐ HERBAL
- ☐ WOODY
- ☐ TANNIC
- ☐ CHAR
- ☐ SWEET
- ☐ BODY
- ☐ LEGS
- ☐ MALTY
- ☐ TOFFEE
- ☐ BALANCE
- ☐ HEAT/PROOF _____

COLOR METER

- MAHOGANY
- CARAMEL
- AMBER
- GOLD
- HONEY
- STRAW
- CLEAR

NOTES

_____
_____
_____
_____
_____
_____
_____
_____

RATING ☆ ☆ ☆ ☆ ☆

WHISKEY NAME _____

DISTILLER _____ **AGE** _____

ORIGIN _____ **PRICE** _____

SAMPLED _____

FLAVORS

- ☐ LINGER
- ☐ DARK FRUIT
- ☐ CITRUS FRUIT
- ☐ FLORAL
- ☐ SPICY
- ☐ HERBAL

- ☐ WOODY
- ☐ TANNIC
- ☐ CHAR
- ☐ SWEET
- ☐ BODY
- ☐ LEGS

- ☐ MALTY
- ☐ TOFFEE
- ☐ BALANCE
- ☐ HEAT/PROOF _____

COLOR METER

- MAHOGANY
- CARAMEL
- AMBER
- GOLD
- HONEY
- STRAW
- CLEAR

NOTES

_____
_____
_____
_____
_____
_____
_____

RATING ☆☆☆☆☆

WHISKEY NAME _____

DISTILLER _____ **AGE** _____

ORIGIN _____ **PRICE** _____

SAMPLED _____

FLAVORS

- ☐ LINGER
- ☐ DARK FRUIT
- ☐ CITRUS FRUIT
- ☐ FLORAL
- ☐ SPICY
- ☐ HERBAL
- ☐ WOODY
- ☐ TANNIC
- ☐ CHAR
- ☐ SWEET
- ☐ BODY
- ☐ LEGS
- ☐ MALTY
- ☐ TOFFEE
- ☐ BALANCE
- ☐ HEAT/PROOF _____

COLOR METER

- MAHOGANY
- CARAMEL
- AMBER
- GOLD
- HONEY
- STRAW
- CLEAR

NOTES

_____
_____
_____
_____
_____
_____
_____

RATING ☆☆☆☆☆

WHISKEY NAME _____

DISTILLER _____ **AGE** _____

ORIGIN _____ **PRICE** _____

SAMPLED _____

FLAVORS

- ☐ LINGER
- ☐ DARK FRUIT
- ☐ CITRUS FRUIT
- ☐ FLORAL
- ☐ SPICY
- ☐ HERBAL
- ☐ WOODY
- ☐ TANNIC
- ☐ CHAR
- ☐ SWEET
- ☐ BODY
- ☐ LEGS
- ☐ MALTY
- ☐ TOFFEE
- ☐ BALANCE
- ☐ HEAT/PROOF _____

COLOR METER

- MAHOGANY
- CARAMEL
- AMBER
- GOLD
- HONEY
- STRAW
- CLEAR

NOTES

_____
_____
_____
_____
_____
_____
_____

RATING
☆ ☆ ☆ ☆ ☆

WHISKEY NAME _____

DISTILLER _____ **AGE** _____

ORIGIN _____ **PRICE** _____

SAMPLED _____

FLAVORS

- ☐ LINGER
- ☐ DARK FRUIT
- ☐ CITRUS FRUIT
- ☐ FLORAL
- ☐ SPICY
- ☐ HERBAL

- ☐ WOODY
- ☐ TANNIC
- ☐ CHAR
- ☐ SWEET
- ☐ BODY
- ☐ LEGS

- ☐ MALTY
- ☐ TOFFEE
- ☐ BALANCE
- ☐ HEAT/PROOF _____

COLOR METER

- MAHOGANY
- CARAMEL
- AMBER
- GOLD
- HONEY
- STRAW
- CLEAR

NOTES

_____
_____
_____
_____
_____
_____
_____

RATING

☆ ☆ ☆ ☆ ☆

WHISKEY NAME _____

DISTILLER _____ **AGE** _____

ORIGIN _____ **PRICE** _____

SAMPLED _____

FLAVORS

- ☐ LINGER
- ☐ DARK FRUIT
- ☐ CITRUS FRUIT
- ☐ FLORAL
- ☐ SPICY
- ☐ HERBAL
- ☐ WOODY
- ☐ TANNIC
- ☐ CHAR
- ☐ SWEET
- ☐ BODY
- ☐ LEGS
- ☐ MALTY
- ☐ TOFFEE
- ☐ BALANCE
- ☐ HEAT/PROOF _____

COLOR METER

- MAHOGANY
- CARAMEL
- AMBER
- GOLD
- HONEY
- STRAW
- CLEAR

NOTES

_____
_____
_____
_____
_____
_____
_____

RATING
☆ ☆ ☆ ☆ ☆

WHISKEY NAME _____

DISTILLER _____ **AGE** _____

ORIGIN _____ **PRICE** _____

SAMPLED _____

FLAVORS

- ☐ LINGER
- ☐ DARK FRUIT
- ☐ CITRUS FRUIT
- ☐ FLORAL
- ☐ SPICY
- ☐ HERBAL
- ☐ WOODY
- ☐ TANNIC
- ☐ CHAR
- ☐ SWEET
- ☐ BODY
- ☐ LEGS
- ☐ MALTY
- ☐ TOFFEE
- ☐ BALANCE
- ☐ HEAT/PROOF _____

COLOR METER

- MAHOGANY
- CARAMEL
- AMBER
- GOLD
- HONEY
- STRAW
- CLEAR

NOTES

_____
_____
_____
_____
_____
_____
_____

RATING

☆ ☆ ☆ ☆ ☆

WHISKEY NAME _____

DISTILLER _____ **AGE** _____

ORIGIN _____ **PRICE** _____

SAMPLED _____

FLAVORS

- ☐ LINGER
- ☐ DARK FRUIT
- ☐ CITRUS FRUIT
- ☐ FLORAL
- ☐ SPICY
- ☐ HERBAL

- ☐ WOODY
- ☐ TANNIC
- ☐ CHAR
- ☐ SWEET
- ☐ BODY
- ☐ LEGS

- ☐ MALTY
- ☐ TOFFEE
- ☐ BALANCE
- ☐ HEAT/PROOF _____

COLOR METER

- MAHOGANY
- CARAMEL
- AMBER
- GOLD
- HONEY
- STRAW
- CLEAR

NOTES

_____
_____
_____
_____
_____
_____

RATING
☆ ☆ ☆ ☆ ☆

WHISKEY NAME _____

DISTILLER _____ **AGE** _____

ORIGIN _____ **PRICE** _____

SAMPLED _____

FLAVORS

- ☐ LINGER
- ☐ DARK FRUIT
- ☐ CITRUS FRUIT
- ☐ FLORAL
- ☐ SPICY
- ☐ HERBAL
- ☐ WOODY
- ☐ TANNIC
- ☐ CHAR
- ☐ SWEET
- ☐ BODY
- ☐ LEGS
- ☐ MALTY
- ☐ TOFFEE
- ☐ BALANCE
- ☐ HEAT/PROOF _____

COLOR METER

- MAHOGANY
- CARAMEL
- AMBER
- GOLD
- HONEY
- STRAW
- CLEAR

NOTES

_____
_____
_____
_____
_____
_____
_____
_____

RATING ☆☆☆☆☆

WHISKEY NAME _____

DISTILLER _____ **AGE** _____

ORIGIN _____ **PRICE** _____

SAMPLED _____

FLAVORS

- ☐ LINGER
- ☐ DARK FRUIT
- ☐ CITRUS FRUIT
- ☐ FLORAL
- ☐ SPICY
- ☐ HERBAL
- ☐ WOODY
- ☐ TANNIC
- ☐ CHAR
- ☐ SWEET
- ☐ BODY
- ☐ LEGS
- ☐ MALTY
- ☐ TOFFEE
- ☐ BALANCE
- ☐ HEAT/PROOF _____

COLOR METER

- MAHOGANY
- CARAMEL
- AMBER
- GOLD
- HONEY
- STRAW
- CLEAR

NOTES

_____
_____
_____
_____
_____
_____
_____

RATING
☆ ☆ ☆ ☆ ☆

WHISKEY NAME _____

DISTILLER _____ **AGE** _____

ORIGIN _____ **PRICE** _____

SAMPLED _____

FLAVORS

- ☐ LINGER
- ☐ DARK FRUIT
- ☐ CITRUS FRUIT
- ☐ FLORAL
- ☐ SPICY
- ☐ HERBAL

- ☐ WOODY
- ☐ TANNIC
- ☐ CHAR
- ☐ SWEET
- ☐ BODY
- ☐ LEGS

- ☐ MALTY
- ☐ TOFFEE
- ☐ BALANCE
- ☐ HEAT/PROOF _____

COLOR METER

- MAHOGANY
- CARAMEL
- AMBER
- GOLD
- HONEY
- STRAW
- CLEAR

NOTES

_____
_____
_____
_____
_____
_____
_____

RATING
☆ ☆ ☆ ☆ ☆

WHISKEY NAME _____

DISTILLER _____ **AGE** _____

ORIGIN _____ **PRICE** _____

SAMPLED _____

FLAVORS

- ☐ LINGER
- ☐ DARK FRUIT
- ☐ CITRUS FRUIT
- ☐ FLORAL
- ☐ SPICY
- ☐ HERBAL
- ☐ WOODY
- ☐ TANNIC
- ☐ CHAR
- ☐ SWEET
- ☐ BODY
- ☐ LEGS
- ☐ MALTY
- ☐ TOFFEE
- ☐ BALANCE
- ☐ HEAT/PROOF _____

COLOR METER

- MAHOGANY
- CARAMEL
- AMBER
- GOLD
- HONEY
- STRAW
- CLEAR

NOTES

_____
_____
_____
_____
_____
_____
_____

RATING ☆ ☆ ☆ ☆ ☆

WHISKEY NAME _____

DISTILLER _____ **AGE** _____

ORIGIN _____ **PRICE** _____

SAMPLED _____

FLAVORS

- ☐ LINGER
- ☐ DARK FRUIT
- ☐ CITRUS FRUIT
- ☐ FLORAL
- ☐ SPICY
- ☐ HERBAL

- ☐ WOODY
- ☐ TANNIC
- ☐ CHAR
- ☐ SWEET
- ☐ BODY
- ☐ LEGS

- ☐ MALTY
- ☐ TOFFEE
- ☐ BALANCE
- ☐ HEAT/PROOF _____

COLOR METER

- MAHOGANY
- CARAMEL
- AMBER
- GOLD
- HONEY
- STRAW
- CLEAR

NOTES

_____
_____
_____
_____
_____
_____
_____
_____

RATING
☆ ☆ ☆ ☆ ☆

WHISKEY NAME _____

DISTILLER _____ **AGE** _____

ORIGIN _____ **PRICE** _____

SAMPLED _____

FLAVORS

- [ ] LINGER
- [ ] DARK FRUIT
- [ ] CITRUS FRUIT
- [ ] FLORAL
- [ ] SPICY
- [ ] HERBAL
- [ ] WOODY
- [ ] TANNIC
- [ ] CHAR
- [ ] SWEET
- [ ] BODY
- [ ] LEGS
- [ ] MALTY
- [ ] TOFFEE
- [ ] BALANCE
- [ ] HEAT/PROOF _____

COLOR METER

- MAHOGANY
- CARAMEL
- AMBER
- GOLD
- HONEY
- STRAW
- CLEAR

NOTES

_____
_____
_____
_____
_____
_____
_____

RATING ☆☆☆☆☆

WHISKEY NAME _____

DISTILLER _____ **AGE** _____

ORIGIN _____ **PRICE** _____

SAMPLED _____

FLAVORS

- ☐ LINGER
- ☐ DARK FRUIT
- ☐ CITRUS FRUIT
- ☐ FLORAL
- ☐ SPICY
- ☐ HERBAL
- ☐ WOODY
- ☐ TANNIC
- ☐ CHAR
- ☐ SWEET
- ☐ BODY
- ☐ LEGS
- ☐ MALTY
- ☐ TOFFEE
- ☐ BALANCE
- ☐ HEAT/PROOF _____

COLOR METER

- MAHOGANY
- CARAMEL
- AMBER
- GOLD
- HONEY
- STRAW
- CLEAR

NOTES

_____
_____
_____
_____
_____
_____
_____

RATING
☆ ☆ ☆ ☆ ☆

WHISKEY NAME _____

DISTILLER _____ **AGE** _____

ORIGIN _____ **PRICE** _____

SAMPLED _____

FLAVORS

- [ ] LINGER
- [ ] DARK FRUIT
- [ ] CITRUS FRUIT
- [ ] FLORAL
- [ ] SPICY
- [ ] HERBAL

- [ ] WOODY
- [ ] TANNIC
- [ ] CHAR
- [ ] SWEET
- [ ] BODY
- [ ] LEGS

- [ ] MALTY
- [ ] TOFFEE
- [ ] BALANCE
- [ ] HEAT/PROOF _____

COLOR METER

- MAHOGANY
- CARAMEL
- AMBER
- GOLD
- HONEY
- STRAW
- CLEAR

NOTES

_____
_____
_____
_____
_____
_____
_____

RATING
☆ ☆ ☆ ☆ ☆

WHISKEY NAME _____

DISTILLER _____ **AGE** _____

ORIGIN _____ **PRICE** _____

SAMPLED _____

FLAVORS

- ☐ LINGER
- ☐ DARK FRUIT
- ☐ CITRUS FRUIT
- ☐ FLORAL
- ☐ SPICY
- ☐ HERBAL
- ☐ WOODY
- ☐ TANNIC
- ☐ CHAR
- ☐ SWEET
- ☐ BODY
- ☐ LEGS
- ☐ MALTY
- ☐ TOFFEE
- ☐ BALANCE
- ☐ HEAT/PROOF _____

COLOR METER

- MAHOGANY
- CARAMEL
- AMBER
- GOLD
- HONEY
- STRAW
- CLEAR

NOTES

_____
_____
_____
_____
_____
_____
_____

RATING
☆ ☆ ☆ ☆ ☆

WHISKEY NAME _____

DISTILLER _____ **AGE** _____

ORIGIN _____ **PRICE** _____

SAMPLED _____

FLAVORS

- ☐ LINGER
- ☐ DARK FRUIT
- ☐ CITRUS FRUIT
- ☐ FLORAL
- ☐ SPICY
- ☐ HERBAL

- ☐ WOODY
- ☐ TANNIC
- ☐ CHAR
- ☐ SWEET
- ☐ BODY
- ☐ LEGS

- ☐ MALTY
- ☐ TOFFEE
- ☐ BALANCE
- ☐ HEAT/PROOF _____

COLOR METER

- MAHOGANY
- CARAMEL
- AMBER
- GOLD
- HONEY
- STRAW
- CLEAR

NOTES

_____
_____
_____
_____
_____
_____
_____

RATING
☆ ☆ ☆ ☆ ☆

WHISKEY NAME _____

DISTILLER _____ **AGE** _____

ORIGIN _____ **PRICE** _____

SAMPLED _____

FLAVORS

- ☐ LINGER
- ☐ DARK FRUIT
- ☐ CITRUS FRUIT
- ☐ FLORAL
- ☐ SPICY
- ☐ HERBAL
- ☐ WOODY
- ☐ TANNIC
- ☐ CHAR
- ☐ SWEET
- ☐ BODY
- ☐ LEGS
- ☐ MALTY
- ☐ TOFFEE
- ☐ BALANCE
- ☐ HEAT/PROOF _____

COLOR METER

- MAHOGANY
- CARAMEL
- AMBER
- GOLD
- HONEY
- STRAW
- CLEAR

NOTES

_____
_____
_____
_____
_____
_____
_____
_____

RATING ☆☆☆☆☆

WHISKEY NAME _____

DISTILLER _____ **AGE** _____

ORIGIN _____ **PRICE** _____

SAMPLED _____

FLAVORS

- ☐ LINGER
- ☐ DARK FRUIT
- ☐ CITRUS FRUIT
- ☐ FLORAL
- ☐ SPICY
- ☐ HERBAL

- ☐ WOODY
- ☐ TANNIC
- ☐ CHAR
- ☐ SWEET
- ☐ BODY
- ☐ LEGS

- ☐ MALTY
- ☐ TOFFEE
- ☐ BALANCE
- ☐ HEAT/PROOF

COLOR METER

- MAHOGANY
- CARAMEL
- AMBER
- GOLD
- HONEY
- STRAW
- CLEAR

NOTES

_____
_____
_____
_____
_____
_____
_____

RATING
☆ ☆ ☆ ☆ ☆

WHISKEY NAME _____

DISTILLER _____ **AGE** _____

ORIGIN _____ **PRICE** _____

SAMPLED _____

FLAVORS

- ☐ LINGER
- ☐ DARK FRUIT
- ☐ CITRUS FRUIT
- ☐ FLORAL
- ☐ SPICY
- ☐ HERBAL

- ☐ WOODY
- ☐ TANNIC
- ☐ CHAR
- ☐ SWEET
- ☐ BODY
- ☐ LEGS

- ☐ MALTY
- ☐ TOFFEE
- ☐ BALANCE
- ☐ HEAT/PROOF _____

COLOR METER

- MAHOGANY
- CARAMEL
- AMBER
- GOLD
- HONEY
- STRAW
- CLEAR

NOTES

_____
_____
_____
_____
_____
_____
_____
_____

RATING
☆ ☆ ☆ ☆ ☆

WHISKEY NAME _____

DISTILLER _____ **AGE** _____

ORIGIN _____ **PRICE** _____

SAMPLED _____

FLAVORS

- ☐ LINGER
- ☐ DARK FRUIT
- ☐ CITRUS FRUIT
- ☐ FLORAL
- ☐ SPICY
- ☐ HERBAL
- ☐ WOODY
- ☐ TANNIC
- ☐ CHAR
- ☐ SWEET
- ☐ BODY
- ☐ LEGS
- ☐ MALTY
- ☐ TOFFEE
- ☐ BALANCE
- ☐ HEAT/PROOF _____

COLOR METER

- MAHOGANY
- CARAMEL
- AMBER
- GOLD
- HONEY
- STRAW
- CLEAR

NOTES

_____
_____
_____
_____
_____
_____
_____

RATING ☆☆☆☆☆

WHISKEY NAME _____

DISTILLER _____ **AGE** _____

ORIGIN _____ **PRICE** _____

SAMPLED _____

FLAVORS

- ☐ LINGER
- ☐ DARK FRUIT
- ☐ CITRUS FRUIT
- ☐ FLORAL
- ☐ SPICY
- ☐ HERBAL
- ☐ WOODY
- ☐ TANNIC
- ☐ CHAR
- ☐ SWEET
- ☐ BODY
- ☐ LEGS
- ☐ MALTY
- ☐ TOFFEE
- ☐ BALANCE
- ☐ HEAT/PROOF _____

COLOR METER

- MAHOGANY
- CARAMEL
- AMBER
- GOLD
- HONEY
- STRAW
- CLEAR

NOTES

_____
_____
_____
_____
_____
_____
_____

RATING ☆☆☆☆☆

WHISKEY NAME _____

DISTILLER _____ **AGE** _____

ORIGIN _____ **PRICE** _____

SAMPLED _____

FLAVORS

- ☐ LINGER
- ☐ DARK FRUIT
- ☐ CITRUS FRUIT
- ☐ FLORAL
- ☐ SPICY
- ☐ HERBAL

- ☐ WOODY
- ☐ TANNIC
- ☐ CHAR
- ☐ SWEET
- ☐ BODY
- ☐ LEGS

- ☐ MALTY
- ☐ TOFFEE
- ☐ BALANCE
- ☐ HEAT/PROOF _____

COLOR METER

- MAHOGANY
- CARAMEL
- AMBER
- GOLD
- HONEY
- STRAW
- CLEAR

NOTES

_____
_____
_____
_____
_____
_____
_____

RATING
☆ ☆ ☆ ☆ ☆

WHISKEY NAME _____

DISTILLER _____ **AGE** _____

ORIGIN _____ **PRICE** _____

SAMPLED _____

FLAVORS

- ☐ LINGER
- ☐ DARK FRUIT
- ☐ CITRUS FRUIT
- ☐ FLORAL
- ☐ SPICY
- ☐ HERBAL
- ☐ WOODY
- ☐ TANNIC
- ☐ CHAR
- ☐ SWEET
- ☐ BODY
- ☐ LEGS
- ☐ MALTY
- ☐ TOFFEE
- ☐ BALANCE
- ☐ HEAT/PROOF _____

COLOR METER

- MAHOGANY
- CARAMEL
- AMBER
- GOLD
- HONEY
- STRAW
- CLEAR

NOTES

_____
_____
_____
_____
_____
_____
_____

RATING
☆ ☆ ☆ ☆ ☆

WHISKEY NAME _____

DISTILLER _____ **AGE** _____

ORIGIN _____ **PRICE** _____

SAMPLED _____

FLAVORS

- ☐ LINGER
- ☐ DARK FRUIT
- ☐ CITRUS FRUIT
- ☐ FLORAL
- ☐ SPICY
- ☐ HERBAL
- ☐ WOODY
- ☐ TANNIC
- ☐ CHAR
- ☐ SWEET
- ☐ BODY
- ☐ LEGS
- ☐ MALTY
- ☐ TOFFEE
- ☐ BALANCE
- ☐ HEAT/PROOF _____

COLOR METER

- MAHOGANY
- CARAMEL
- AMBER
- GOLD
- HONEY
- STRAW
- CLEAR

NOTES

_____
_____
_____
_____
_____
_____
_____

RATING

☆☆☆☆☆

WHISKEY NAME _____

DISTILLER _____ **AGE** _____

ORIGIN _____ **PRICE** _____

SAMPLED _____

FLAVORS

- ☐ LINGER
- ☐ DARK FRUIT
- ☐ CITRUS FRUIT
- ☐ FLORAL
- ☐ SPICY
- ☐ HERBAL
- ☐ WOODY
- ☐ TANNIC
- ☐ CHAR
- ☐ SWEET
- ☐ BODY
- ☐ LEGS
- ☐ MALTY
- ☐ TOFFEE
- ☐ BALANCE
- ☐ HEAT/PROOF _____

COLOR METER

- MAHOGANY
- CARAMEL
- AMBER
- GOLD
- HONEY
- STRAW
- CLEAR

NOTES

_____
_____
_____
_____
_____
_____
_____
_____

RATING
☆ ☆ ☆ ☆ ☆

WHISKEY NAME _____

DISTILLER _____ **AGE** _____

ORIGIN _____ **PRICE** _____

SAMPLED _____

FLAVORS

- ☐ LINGER
- ☐ DARK FRUIT
- ☐ CITRUS FRUIT
- ☐ FLORAL
- ☐ SPICY
- ☐ HERBAL
- ☐ WOODY
- ☐ TANNIC
- ☐ CHAR
- ☐ SWEET
- ☐ BODY
- ☐ LEGS
- ☐ MALTY
- ☐ TOFFEE
- ☐ BALANCE
- ☐ HEAT/PROOF _____

COLOR METER

- MAHOGANY
- CARAMEL
- AMBER
- GOLD
- HONEY
- STRAW
- CLEAR

NOTES

_____
_____
_____
_____
_____
_____
_____

RATING ☆☆☆☆☆

WHISKEY NAME _____

DISTILLER _____ **AGE** _____

ORIGIN _____ **PRICE** _____

SAMPLED _____

FLAVORS

- ☐ LINGER
- ☐ DARK FRUIT
- ☐ CITRUS FRUIT
- ☐ FLORAL
- ☐ SPICY
- ☐ HERBAL
- ☐ WOODY
- ☐ TANNIC
- ☐ CHAR
- ☐ SWEET
- ☐ BODY
- ☐ LEGS
- ☐ MALTY
- ☐ TOFFEE
- ☐ BALANCE
- ☐ HEAT/PROOF _____

COLOR METER

- MAHOGANY
- CARAMEL
- AMBER
- GOLD
- HONEY
- STRAW
- CLEAR

NOTES

_____
_____
_____
_____
_____
_____
_____

RATING
☆ ☆ ☆ ☆ ☆

WHISKEY NAME _____

DISTILLER _____ **AGE** _____

ORIGIN _____ **PRICE** _____

SAMPLED _____

FLAVORS

- ☐ LINGER
- ☐ DARK FRUIT
- ☐ CITRUS FRUIT
- ☐ FLORAL
- ☐ SPICY
- ☐ HERBAL
- ☐ WOODY
- ☐ TANNIC
- ☐ CHAR
- ☐ SWEET
- ☐ BODY
- ☐ LEGS
- ☐ MALTY
- ☐ TOFFEE
- ☐ BALANCE
- ☐ HEAT/PROOF _____

COLOR METER

- MAHOGANY
- CARAMEL
- AMBER
- GOLD
- HONEY
- STRAW
- CLEAR

NOTES

_____
_____
_____
_____
_____
_____
_____

RATING ☆☆☆☆☆

WHISKEY NAME _____

DISTILLER _____ **AGE** _____

ORIGIN _____ **PRICE** _____

SAMPLED _____

FLAVORS		
☐ LINGER	☐ WOODY	☐ MALTY
☐ DARK FRUIT	☐ TANNIC	☐ TOFFEE
☐ CITRUS FRUIT	☐ CHAR	☐ BALANCE
☐ FLORAL	☐ SWEET	☐ HEAT/PROOF _____
☐ SPICY	☐ BODY	
☐ HERBAL	☐ LEGS	

COLOR METER
- MAHOGANY
- CARAMEL
- AMBER
- GOLD
- HONEY
- STRAW
- CLEAR

NOTES

_____
_____
_____
_____
_____
_____
_____

RATING
☆ ☆ ☆ ☆ ☆

WHISKEY NAME _____

DISTILLER _____ **AGE** _____

ORIGIN _____ **PRICE** _____

SAMPLED _____

FLAVORS

- ☐ LINGER
- ☐ DARK FRUIT
- ☐ CITRUS FRUIT
- ☐ FLORAL
- ☐ SPICY
- ☐ HERBAL
- ☐ WOODY
- ☐ TANNIC
- ☐ CHAR
- ☐ SWEET
- ☐ BODY
- ☐ LEGS
- ☐ MALTY
- ☐ TOFFEE
- ☐ BALANCE
- ☐ HEAT/PROOF _____

COLOR METER

- MAHOGANY
- CARAMEL
- AMBER
- GOLD
- HONEY
- STRAW
- CLEAR

NOTES

_____
_____
_____
_____
_____
_____
_____

RATING ☆☆☆☆☆

WHISKEY NAME _____

DISTILLER _____ **AGE** _____

ORIGIN _____ **PRICE** _____

SAMPLED _____

FLAVORS

- ☐ LINGER
- ☐ DARK FRUIT
- ☐ CITRUS FRUIT
- ☐ FLORAL
- ☐ SPICY
- ☐ HERBAL
- ☐ WOODY
- ☐ TANNIC
- ☐ CHAR
- ☐ SWEET
- ☐ BODY
- ☐ LEGS
- ☐ MALTY
- ☐ TOFFEE
- ☐ BALANCE
- ☐ HEAT/PROOF _____

COLOR METER

- MAHOGANY
- CARAMEL
- AMBER
- GOLD
- HONEY
- STRAW
- CLEAR

NOTES

_____
_____
_____
_____
_____
_____
_____

RATING ☆ ☆ ☆ ☆ ☆

WHISKEY NAME _____

DISTILLER _____ **AGE** _____

ORIGIN _____ **PRICE** _____

SAMPLED _____

FLAVORS

- ☐ LINGER
- ☐ DARK FRUIT
- ☐ CITRUS FRUIT
- ☐ FLORAL
- ☐ SPICY
- ☐ HERBAL
- ☐ WOODY
- ☐ TANNIC
- ☐ CHAR
- ☐ SWEET
- ☐ BODY
- ☐ LEGS
- ☐ MALTY
- ☐ TOFFEE
- ☐ BALANCE
- ☐ HEAT/PROOF _____

COLOR METER

- MAHOGANY
- CARAMEL
- AMBER
- GOLD
- HONEY
- STRAW
- CLEAR

NOTES

_____
_____
_____
_____
_____
_____

RATING
☆ ☆ ☆ ☆ ☆

WHISKEY NAME _____

DISTILLER _____ **AGE** _____

ORIGIN _____ **PRICE** _____

SAMPLED _____

FLAVORS

- ☐ LINGER
- ☐ DARK FRUIT
- ☐ CITRUS FRUIT
- ☐ FLORAL
- ☐ SPICY
- ☐ HERBAL
- ☐ WOODY
- ☐ TANNIC
- ☐ CHAR
- ☐ SWEET
- ☐ BODY
- ☐ LEGS
- ☐ MALTY
- ☐ TOFFEE
- ☐ BALANCE
- ☐ HEAT/PROOF _____

COLOR METER

- MAHOGANY
- CARAMEL
- AMBER
- GOLD
- HONEY
- STRAW
- CLEAR

NOTES

_____
_____
_____
_____
_____
_____
_____

RATING ☆ ☆ ☆ ☆ ☆

WHISKEY NAME _____

DISTILLER _____ **AGE** _____

ORIGIN _____ **PRICE** _____

SAMPLED _____

FLAVORS

- ☐ LINGER
- ☐ DARK FRUIT
- ☐ CITRUS FRUIT
- ☐ FLORAL
- ☐ SPICY
- ☐ HERBAL
- ☐ WOODY
- ☐ TANNIC
- ☐ CHAR
- ☐ SWEET
- ☐ BODY
- ☐ LEGS
- ☐ MALTY
- ☐ TOFFEE
- ☐ BALANCE
- ☐ HEAT/PROOF _____

COLOR METER

- MAHOGANY
- CARAMEL
- AMBER
- GOLD
- HONEY
- STRAW
- CLEAR

NOTES

_____
_____
_____
_____
_____
_____
_____

RATING
☆ ☆ ☆ ☆ ☆

WHISKEY NAME _____

DISTILLER _____ **AGE** _____

ORIGIN _____ **PRICE** _____

SAMPLED _____

FLAVORS

- ☐ LINGER
- ☐ DARK FRUIT
- ☐ CITRUS FRUIT
- ☐ FLORAL
- ☐ SPICY
- ☐ HERBAL
- ☐ WOODY
- ☐ TANNIC
- ☐ CHAR
- ☐ SWEET
- ☐ BODY
- ☐ LEGS
- ☐ MALTY
- ☐ TOFFEE
- ☐ BALANCE
- ☐ HEAT/PROOF _____

COLOR METER

- MAHOGANY
- CARAMEL
- AMBER
- GOLD
- HONEY
- STRAW
- CLEAR

NOTES

_____
_____
_____
_____
_____
_____
_____

RATING ☆☆☆☆☆

WHISKEY NAME _____

DISTILLER _____ **AGE** _____

ORIGIN _____ **PRICE** _____

SAMPLED _____

FLAVORS

- ☐ LINGER
- ☐ DARK FRUIT
- ☐ CITRUS FRUIT
- ☐ FLORAL
- ☐ SPICY
- ☐ HERBAL
- ☐ WOODY
- ☐ TANNIC
- ☐ CHAR
- ☐ SWEET
- ☐ BODY
- ☐ LEGS
- ☐ MALTY
- ☐ TOFFEE
- ☐ BALANCE
- ☐ HEAT/PROOF _____

COLOR METER

- MAHOGANY
- CARAMEL
- AMBER
- GOLD
- HONEY
- STRAW
- CLEAR

NOTES

_____
_____
_____
_____
_____
_____
_____

RATING
☆ ☆ ☆ ☆ ☆

WHISKEY NAME _____

DISTILLER _____ **AGE** _____

ORIGIN _____ **PRICE** _____

SAMPLED _____

FLAVORS

- ☐ LINGER
- ☐ DARK FRUIT
- ☐ CITRUS FRUIT
- ☐ FLORAL
- ☐ SPICY
- ☐ HERBAL

- ☐ WOODY
- ☐ TANNIC
- ☐ CHAR
- ☐ SWEET
- ☐ BODY
- ☐ LEGS

- ☐ MALTY
- ☐ TOFFEE
- ☐ BALANCE
- ☐ HEAT/PROOF _____

COLOR METER

- MAHOGANY
- CARAMEL
- AMBER
- GOLD
- HONEY
- STRAW
- CLEAR

NOTES

_____
_____
_____
_____
_____
_____
_____

RATING

☆ ☆ ☆ ☆ ☆

WHISKEY NAME _____

DISTILLER _____ **AGE** _____

ORIGIN _____ **PRICE** _____

SAMPLED _____

FLAVORS

- ☐ LINGER
- ☐ DARK FRUIT
- ☐ CITRUS FRUIT
- ☐ FLORAL
- ☐ SPICY
- ☐ HERBAL
- ☐ WOODY
- ☐ TANNIC
- ☐ CHAR
- ☐ SWEET
- ☐ BODY
- ☐ LEGS
- ☐ MALTY
- ☐ TOFFEE
- ☐ BALANCE
- ☐ HEAT/PROOF _____

COLOR METER

- MAHOGANY
- CARAMEL
- AMBER
- GOLD
- HONEY
- STRAW
- CLEAR

NOTES

_____
_____
_____
_____
_____
_____
_____

RATING ☆ ☆ ☆ ☆ ☆

WHISKEY NAME _____

DISTILLER _____ **AGE** _____

ORIGIN _____ **PRICE** _____

SAMPLED _____

FLAVORS

- ☐ LINGER
- ☐ DARK FRUIT
- ☐ CITRUS FRUIT
- ☐ FLORAL
- ☐ SPICY
- ☐ HERBAL
- ☐ WOODY
- ☐ TANNIC
- ☐ CHAR
- ☐ SWEET
- ☐ BODY
- ☐ LEGS
- ☐ MALTY
- ☐ TOFFEE
- ☐ BALANCE
- ☐ HEAT/PROOF _____

COLOR METER

- MAHOGANY
- CARAMEL
- AMBER
- GOLD
- HONEY
- STRAW
- CLEAR

NOTES

_____
_____
_____
_____
_____
_____
_____

RATING ☆ ☆ ☆ ☆ ☆

WHISKEY NAME _____

DISTILLER _____ **AGE** _____

ORIGIN _____ **PRICE** _____

SAMPLED _____

FLAVORS

- ☐ LINGER
- ☐ DARK FRUIT
- ☐ CITRUS FRUIT
- ☐ FLORAL
- ☐ SPICY
- ☐ HERBAL

- ☐ WOODY
- ☐ TANNIC
- ☐ CHAR
- ☐ SWEET
- ☐ BODY
- ☐ LEGS

- ☐ MALTY
- ☐ TOFFEE
- ☐ BALANCE
- ☐ HEAT/PROOF _____

COLOR METER

- MAHOGANY
- CARAMEL
- AMBER
- GOLD
- HONEY
- STRAW
- CLEAR

NOTES

_____
_____
_____
_____
_____
_____
_____

RATING ☆☆☆☆☆